BEI GRIN MACHT SICH IHR WISSEN BEZAHLT

Das Verhältnis zwischen PR und Journalismus

Minh Trang Nguyen

Bibliografische Information der Deutschen Nationalbibliothek:

Die Deutsche Nationalbibliothek verzeichnet diese Publikation in der Deutschen Nationalbibliografie; detaillierte bibliografische Daten sind im Internet über http://dnb.d-nb.de abrufbar.

ISBN: 9783346438720
Dieses Buch ist auch als E-Book erhältlich.

© GRIN Publishing GmbH
Nymphenburger Straße 86
80636 München

Druck und Bindung: Books on Demand GmbH, Norderstedt Germany
Gedruckt auf säurefreiem Papier aus verantwortungsvollen Quellen

Das vorliegende Werk wurde sorgfältig erarbeitet. Dennoch übernehmen Autoren und Verlag für die Richtigkeit von Angaben, Hinweisen, Links und Ratschlägen sowie eventuelle Druckfehler keine Haftung.

Das Buch bei GRIN: https://www.grin.com/document/1032980

FRIEDRICH-SCHILLER-UNIVERSITÄT JENA
INSTITUT FÜR KOMMUNIKATIONSWISSENSCHAFT
ÖKONOMIE ÖFFENTLICHER KOMMUNIKATION

Das Verhältnis zwischen PR und Journalismus

Nguyen Minh Trang

Öffentliche Kommunikation (M.A.)
Semesterzahl: 1

Inhaltsverzeichnis

Abstract

In den Medien- und Kommunikationswissenschaften scheint es wichtig seit vielen Jahren, die Beziehung zwischen der Öffentlichkeitsarbeit und dem Journalismus näher zu beleuchten. Das Ziel von der vorliegenden Arbeit ist, einen theoretischen Überblick über die gegenseitige Abhängigkeit von diesen zwei Systemen zu geben. Zum anderen möchten wir darüber diskutieren, ob diese theoretische Gedanken im Zeitraum der technischer Entwicklung noch gültig sind.

1. Einleitung

‚' Journalisten und PR-Fachleute essen irgendwie aus demselben Teller, aber sie wünschen sich häufig, ohne es zu sagen, dass das Essen in dem Hals des anderen stecken bleibt. In den Medien höre ich häufig, dass einige Journalisten PR-Leute und umgekehrt diskreditiert hatten, aber ohne PR würde die Presse nicht bestehen, und ohne Presse, würde PR nicht bestehen".

Dieser Gedanke kam es einer befragten Person im Kontext einer Studie von Szambolics (2015, S.47), wenn die Befragten gebeten wurden, an eine Metapher zu denken, mit der das Verhältnis zwischen dem Journalismus und PR dargestellt werden sollte. Darüber hinaus scheint es wichtig in der Kommunikationswissenschaft zu betrachten, in welcher Beziehung journalistische Akteure zu PR-Fachleuten stehen. Diese vorliegende Arbeit soll damit beschäftigen, einen theoretischen Überblick über den Zusammenhang zwischen diesen zwei Feldern zu beschreiben: das Intereffikationsmodell von Günter Bentele und KollegInnen (1997). Dabei ist es in der ersten Linie wichtig, die Begriffe Journalismsus und PR voneinander klar abzugrenzen. Hierfür ist der zweite Abschnitt dienlich. Im weiteren Verlauf soll im dritten Kapitel die Determinationsthese von Barbara Baerns vorgestellt werden, was als Grundlage für dieses Forschungsfeld gelte. Daran anschließend wird im Kapitel 4 das Intereffikationsmodell ausführlich beschrieben.

Zudem richtet sich der Blick noch auf die Zeit der technischen Entwicklung, in der das Verhältnis des Journalismus zu PR genauer zu fixieren ist. Viele ForscherInnen sind der Meinung, dass das Internet allen NutzerInnen ermöglicht, selbst journalistische Angebote zu gestalten (Neuberger 2018, S.22). Die Öffentlichkeitsarbeit ist keine Ausnahme. Aufgrund des Vorkommens von Internet verliert der Journalismus seinen Monopol als Gatekeeper (Neuberger 2018, S.12) und PR-Akteure können in direkten Kontakt mit ihren Bezugsgruppen treten (Zerfaß & Pleil 2020, S.9; Wolf & Godulla 2020, S.9). Dabei ist notwendig darüber zu diskutieren, ob der Journalismus und PR in Konkurrenzsituation befinden bzw. ob PR- Fachleute die Journalisten in ihrem Arbeitsfeld überhaupt noch brauchen. Ausgehend davon wird im Kapitel 5 durch die Darstellung verschiedener Studien erklärt, ob das Intereffikationsmodell im digitalen Zeitalter noch gültig ist.

2. Begriffliche Bestimmung

2.1. Was ist Journalismus?

Was unter professionellen Journalismus fallen soll, legt Weischenberg et al. (2006) in seinem Beitrag wie folgt fest: Auf gesellschaftlicher Ebene gilt professioneller Journalismus als ein soziales System zur Fremdbeobachtung verschiedener gesellschaftlicher Bereichen. Die

Hauptaufgabe von Journalistinnen und Journalisten ist es, nach den Kriterien der Aktualität, Faktizität und Relevanz Themen zu publizieren. Daher soll an dieser Stelle hervorgehoben werden, dass Journalismus auf organisatorischer sowie inhaltlicher Ebene von anderen Formen der Kommunikation wie PR, Werbung oder Literatur abgegrenzt werden muss. Medienunternehmen produzieren beständig eine Vielzahl an journalistischen Angeboten, weswegen Medien mit geringer Aktualität wie Bücher oder vierteljährlich erscheinende Zeitschriften aus der Definition des professionellen Journalismus ausgeschlossen werden. Ebenso wenig fallen unter diesen Begriff Medien mit geringer Faktizität (z. B Spielfilme, Satiremagazine,...) und Medien mit geringer Relevanz (Medienangebote, die aus Sicht der Medienrezipienten nur geringe Reichweite haben). Über die Funktion der Fremdbeobachtung lässt sich Journalismus zudem von PR- und Laienmedien unterscheiden, da sich PR-Medien primär auf eine positive Selbstdarstellung und Laienmedien hauptsächlich auf die Thematisierung spezifischer Interessen fokussieren. Letztlich werden Personen auf Akteur-Ebene als professionelle Journalistinnen und Journalisten betrachtet, wenn sie hauptberuflich in die Produktion journalistischer Angebote eingebunden sind. Hauptberuflich bedeutet, dass mehr als die Hälfte der erzielten Einkünfte dieser Akteurinnen und Akteure aus journalistischer Arbeit stammt und mehr als die Hälfte der Arbeitszeit für die journalistische Arbeit aufgebracht wird. Journalistinnen und Journalisten haben außerdem unmittelbaren Einfluss auf den Inhalt redaktioneller Produkte. Ehrenamtliche, arbeitslose oder nebenberuflich tätige freie Journalistinnen und Journalisten werden nicht als professionell wahrgenommen. In dieser Arbeit liegt der Fokus ausschließlich auf der Beziehung zwischen künstlicher Intelligenz und professionellem Journalismus bzw. Nachrichtenredaktionen.

2.2. Was ist PR?

Es gibt eine Vielzahl von Definitionen des Begriff PR, jedoch beschäftigt sich jede teilweise unterschiedliche Facette der PR und bislang wird noch keine wissenschaftlich einheitliche Begriffbestimmung für das Wort PR festgelegt (Grupe 2011, S.1). PR ist ein Initialwort aus dem englischen Sprachraum und steht für Public Relation. In dem deutschsprachigen Raum bezeichnet das Wort die Öffentlichkeitsarbeit.

> ‚'Public Relations sind das Management von Kommunikation von Organisationen mit deren Bezugsgruppen. (...) Kommunikation ist dann exzellent, wenn kompetente Kommunikatoren die strategische Führung einer Organisation (...) darin unterstützen, wechselseitige Beziehungen zu Schlüsselgruppen herzustellen, von denen Bestehen und Wachstum der Organisation abhängen'' (Kunczik 2002, S.279, übersetzt von Grupe 2011, S.1).

4

Der Journalismus kann als ein soziales System gesehen werden, das die Funktion in der Gesellschaft erfüllt: durch die Beobachtung der Gesellschaft die öffentliche Diskussion stellen. PR ist hingegen ein Teil anderer sozialer Systeme wie Wirtschaft (oder Unternehmen), Politik oder Kultur und spielt eine große Rolle innerhalb dieser Systeme (Sievert 2007). Die Abteilung PR orientiert sich nicht nur an Zielen und Interessen von ihren eigenen Unternehmen, Verbänden, Einrichtungen, sondern auch an Erwartungen und Ansprüche ihrer Bezugsgruppen (Grupe 2011, S.3). Aus diesem Punkt ist es wichtig für die Organisation sowie für PR, im Markt die Identität der Organisation herzustellen, eine eindeutige Position festzulegen und sich als ein vertrauenswürdiger, verantwortungsvoller Partner zu erweisen (Grupe 2011, S. 3). Ausgehend davon ist es festzustellen, dass PR sich auf die positive Selbstdarstellung konzentriert: ‚'... in der Wahrnehmung der Dialoggruppe zu einem individuellen, unwechselbaren und positiven Image verschmelzen'' (Grupe 2011, S.4). Das Aufgabefeld von PR besteht darin, die Beziehungen zu Bezugsgruppen aufzubauen und diese zu pflegen (Grupe 2011, S.3). Aufgaben von der Öffentlichkeitsarbeit ist, in Kontakt mit unterschiedlichen Bezugsgruppen zu treten, z.B Internal Relations, Investor Relations, Costumer Relations u.s.w (Grupe 2011, S.5). Damit das Vertrauensbasis bzw. Bekanntschaft zu unterschiedlichen Gruppen hergestellt werden könnte, muss die Kerninhalte der PR-Kommunikation durch individuelle Informationsbedürfnisse dieser Bezugsgruppen unterschiedlich bearbeitet und ergänzt werden. Deswegen müssen Mitarbeiter der PR spezifische Bedürfnisse verschiedener Gruppen genau verstehen, nach relevanten Themen suchen, verarbeiten und in richtigen Kommunikationsstrategien umsetzen (Gruppe 2011, S.4). Für Journalisten bedeutet ihre Kommunikationskompetenz in der ersten Linie die Medienproduktion, jedoch ist die Medienarbeit nur ein Aspekt der PR-Arbeit (Sievert 2007). Außerdem bedeutet Media Relations aus Sicht von PR die Beziehung zu Presse, Fernsehen, Internet-Medien. Journalisten und Nachrichtenorganisationen können sich darüber entscheiden, in welchem Umfang, in welcher Form und in welcher Art und Weise über diese Unternehmen, Verbände, Einrichtungen berichtet werden können und spielen eine bedeutende Rolle bei der Meinungsbildung verschiedener Bezugsgruppen (Grupe 2011, S.5). Ausgehend davon bleibt es nicht unerwähnt, in dieser Arbeit über die Beziehung zwischen diesen zwei publizistischen Systemen zu diskutieren.

3. Determinationsthese

Die Beziehung zwischen der Öffentlichkeitsarbeit und dem Journalismus wurde in dem deutschsprachigen Raum zum ersten Mal von Babara Baerns untersucht. Aus der Analyse der Primär- und Sekundärmedien im Kontext der Landespolitik in Nordrhein-Westfalen zieht die Kommunikationswissenschaftlerin das Fazit, dass die Öffentlichkeit einen bestimmten Einfluss auf den Journalismus ausübt (Baerns 2014, S.122). Kennzeichnend dafür ist die hohe Übernahmequoten der Quellen von der Öffentlichkeitsarbeit in den journalistischen Berichterstattungen: etwa 62 % der journalitichen Beiträge basieren auf die PR-Materialien (Baerns 2014, S.123). Aus diesem Grund liegt die Annahme nahe, dass die Öffentlichkeitsarbeit sowohl die Themen als auch das Timing des Journalismus in den Griff bekommt (Baerns 2014, S.130). Aus Sicht der Autorin werden die Themen erstmals von der Öffentlichkeitsarbeit der Organisationen, Verbände, Unternehmen generiert und angeregt. Das PR-System bewertet, welches Thema mehr oder weniger relevant bzw wichtig ist und entscheidet sich dann über die Platzierung von Themen. Das heißt, die PR-Akteure können abstimmen, auf welche Themen stark fokussiert werden sollen. Die Bearbeitung der von PR vorgegebenen Informationen seitens des Journalismus wird in der Determinationsthese nur als die Nachrecherche wahrgenommen. Außerdem wird der Journalismus in dieser These auch in zeilicher Dimension gesteuert. Zur Begründung dieser These führt die Forscherin an, dass die Öffentlichkeitsarbeit z.B den Zeitpunkt für Pressemitteilungen und Pressekonferenz feststellen kann und journalistische Akteure müssen diesen Plan folgen, um Neuigkeiten zu informieren. Obwohl journalistische Standards eine bedeutende Rolle in der Medienarbeit spielen, ist die Autorin der Ansicht, die PR-Akteure genug flexibel sind, sich an journalistischen Arbeitsweisen, journalistischen Kriterien sowie Kenntnisse über Gewichtungen von Themen zu orientieren (Baerns 2014, S.130). Abschließend ist zu sagen, die Öffentlichkeitsarbeit hat in der Determinationsthese einen einseitigen Gesamteinfluss auf den Journalismus.

4. Intereffikationsmodell

Das Modell wurde im Kontext von einer empirischen Studie in dem Jahr 1997 entwickelt (Bentele & Nothaft 2004, S.67). Die Studie beschäftigte sich mit der Analyse von den Arbeitsfeldern, der Organisation und dem Image der Abteilungen für kommunale Öffentlichkeitsarbeit der zwei Städte Halle und Leipzig (Bentele et al. 1997, S.230). Die Wissenschaftler stellten fest, dass die vorher entwickelte Determinationsthese zur Erklärung des einseitigen Einflusses von PR auf den Journalismus als nicht falsch aber zu einfach und nicht ausreichend gesehen wurden (Bentele & Nothaft 2004, S.67). Aus diesem Grund war es notwendig, ein Modell zur Darstellung des Zusammenspiels der zwei Systeme PR und Journalismus weiterzuentwickeln. Bentele et al. (1997, S.247) fassen das Ziel ihres Modells wie folgt zusammen:

> ‚'Das Intereffikationsmodell soll letztlich einen Beitrag leisten zum Verständnis des komplexen Prozesses der Themengenerierung und Themengestaltung auf Kommunikatorseite, also zu den Mechanismen, nach denen die in der öffentlichen „Arena" agierenden Akteure - bewußt oder unbewußt – arbeiten und damit zu ihrer Rolle für die öffentliche Meinungsbildung und die öffentlichen Kommunikation insgesamt''.

Das Wort ‚'Effikation'' stammt zuerst aus dem lateinischen Würzeln ‚'efficare'' und kann im Deutschen ‚'etwas ermöglichen'' oder ‚'gegenseitige Einflüsse'' übersetzt werden (Bentele & Fechner 2015, S.321; Fechner 2018, S.140). Das Intereffikationsmodell soll einen Blick über das Arbeitsfeld sowie den Stellenwert von den beiden Systemen vertiefen und beschreibt die zweiseitige Einfluss- und Machtbeziehungen zwischen PR und Journalismus auf drei unterschiedlichen Ebenen: zum einen die Gesamtbeziehung zwischen zwei Teilsystemen zur Publikation von Inhalten, zum anderen die Beziehung auf Ebene der Organisation, z.B zwischen einzelnen PR-Abteilungen von Einrichtungen, Unternehmen, Verbänden und einzelnen Nachrichtenredaktionen und die dritte Ebene bezieht sich auf die individuelle Beziehung zwischen Journalisten und PR-Experten in verschiedenen Bereichen der Berichterstattungen (Bentele et al., 1997, S.241, Bentele & Fechner 2015, S.321-322). Die Vertreter dieses Forschungsfeldes betonen, dass die Arbeit eines Systems nur funktioniert, wenn das anderer System existiert und sie müssen zusammenarbeiten (Bentele et al. 1997, S.240; Bentele & Fechner 2015, S.321). Innerhalb des Modells sind zwei wichtige Begriffe festzustellen: Induktion und Adaption, mit denen die Leistungen von Journalismus und Öffentlichkeitsarbeit erklärt und voneinander abgegrenzt werden können (Bentele et al. 1997, S.241).

7

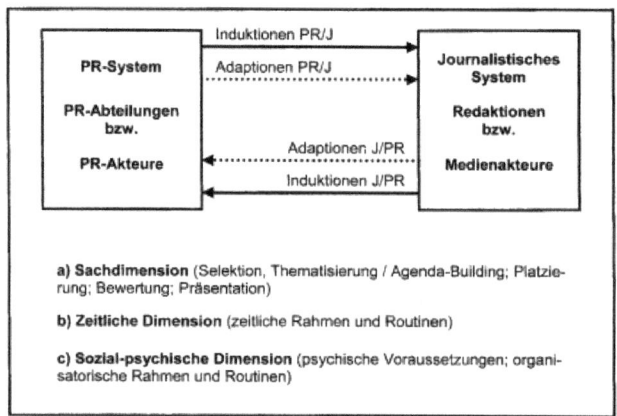

a) **Sachdimension** (Selektion, Thematisierung / Agenda-Building; Platzierung; Bewertung; Präsentation)

b) **Zeitliche Dimension** (zeitliche Rahmen und Routinen)

c) **Sozial-psychische Dimension** (psychische Voraussetzungen; organisatorische Rahmen und Routinen)

Abbildung 1: das Intereffikationsmodell (Bentele et al. 1997, S.242)

4.1 Induktions- und Adaptionsleistungen im Intereffikationsmodell

Induktionen werden nach Bentele et al. (1997, S. 241) definiert als ‚'intendierte, gerichtete Kommunikationsanregungen oder –einflüsse... , die beobachtbaren Wirkungen im jeweils anderen System haben''. Diese Leistung werden im Beitrag von Bentele und Nothaft (2004, S.73) sehr detailliert erläutert: die Autoren vertreten die These, dass Induktionsleistungen nicht nur vom PR-System sondern auch vom Journalismus erbracht werden. Die Induktionsleistung von der Öffentlichkeitsarbeit besteht vor allem darin, Informationen und Diskussionsmöglichkeiten anzubieten, die von journalistischer Seite rezipiert, bearbeitet und weitergegeben werden. Ebenfalls können die Journalisten und Nachrichtenredaktionen auch Informationsangebote selektieren, bewerten sowie gewichten. Außerdem können sie sich darüber entscheiden, die Informationen zu verkürzen, anreichern, vervollständigen sowie weitere relevante Themen innerhalb der aufgenommenen Themen zu setzen.

Während die Induktionen die Funktion der Kommunikationsanregungen bezeichen, werden Adaptionen hingegen als ein ‚'kommunikatives und organisatorisches Anpassungshandeln'' verstanden (Bentele et al. 1997, S.241). Zu den Adaptionsleistungen der Öffentlichkeitsarbeit gehören z.B die Anpassung an Regeln und Routinen des journalistischen Systems und die Adaption des Journalismus an PR-Seite besteht vor allem in der Orientierung an den Vorgaben dieses Systems (Bentele et al. 1997, S.242-243). Wie die von Bentele et al. (1997, S.242) entwickelte Abbildung (Abbildung 1) uns zeigt, findet die Induktions- und Adaptionsprozesse gleichzeitig auf beider Seite statt. Durch die Beobachtung der Induktions- und Adaptionsleistungen von beiden Systemen lässt es sich feststellen, welches System in welchen Situationen steuert und gesteuert wird (Bentele & Nothaft 2004, S.70).

4.2 Induktionen und Adaptionen in drei Dimensionen

Die Beziehung zwischen PR und Journalismus kann in dem Intereffikationsmodell in drei verschiedenen Bereichen bzw. Dimensionen beobachtet werden: eine Sachdimension, eine Zeitdimension und eine psychisch-soziale Dimension (Bentele et al. 1997, S.243). Anhand des Schaubilds 1 kann man erkennen, dass die Sachdimension sich damit beschäftigen, welche Informationen auf welche Art und Weise selektiert, bearbeitet und zur Veröffentlichung ausgewählt werden, wie umfangreich über Informationen im Beitrag berichtet werden, wie und in welche Richtung sie bewertet und auf welche Art und Weise diese ausgewählte Themen grafisch, inhaltlich und layouttechnisch präsentiert werden. In der zeitlichen Dimension fokussieren wir uns andererseits auf die zeitliche Routinen der beiden Systemen und im Hinblick auf die sozial-psychische Dimension stellen wir die Fragen danach, welche persönliche und organisatorische Beziehungen zwischen journalistischen und PR-Akteuren und -Abteilungen bestehen, ‚'welche sozialen Absichten bzw. Interessen existieren?'' (Bentele et al. 1997, S.243-244).

4.2.1. Sachliche Dimension

Innerhalb der sachlichen Dimension sind vor allem vier Subdimensionen voneinander abzugrenzen: (1) Themen und deren Selektion, (2) die Festlegung von Relevanzen, (3) die Bewertungen von Sachverhalten, Personen und Themen und (4) die Präsenatation der Informationen (Bentele et al. 1997, S.245, Bentele & Fechner 2015, S.324, Bentele & Nothaft 2004, S.75). Die Induktionsleistung der PR-Seite besteht darin, die Informationen zu generieren, allerdings müssen sie sich an journalistischen Nachrichtenfaktoren wie Relevanz, Konflikt, Negativismus, Prominenz. Überraschung, etc. orientieren (adaptiv), damit die Publikumswirkungen erzielt werden können. (Bentele et al. 1997, S.245-246). Diese bestätigt zugleich die Induktionsleistung von Journalismus in der Sachdimension, dass die Angebote der Öffentlichkeitsarbeit von dem Journalismus akzeptiert werden müssen und das journalistische System definiert, welche Informationen für das Publikum relevant sind. Außerdem domiert das PR-System eher bei der Bewertung von Informationen und der Journalismus orientiert sich im Normalfall zum einen an diese Darstellungsweisen, zum anderen versuchen die Journalisten, die positive Selbstdarstellung der PR-Seite zu neutralisieren (Bentele et al. 1997, S.246). Die

9

Autoren sind zudem der Meinung, dass der Journalismus auf der Ebene der Präsenation von Themen einen großen Einfluss auf die Öffentlichkeitsarbeit nimmt, da die Präsenationsroutinen in dem Mediensystem schon vorhanden sind und die PR muss sich daran anpassen, um die Kommunikation zu erzielen (Bentele et al. 1997, S.246).

Zur Erweiterung der Erforschung von Beziehungen zwischen diesen zwei publizistischen Systemen haben Bentele und Nothaft (2004, S.75) die Induktionsleistungen in der sachlichen Dimension in vier unterschiedlichen Induktionstypen ausdifferenziert: Bei der Subdimension der Themen und deren Selektion spielt der Induktionstyp der Themeninitiative eine Rolle. Hier beobachten wir, von wem ein Thema bzw. eine Berichterstattung angeregt wurde. Der zweite Induktionstyp ist die Textinduktion. Die Autoren sind der Ansicht, dass die Textinduktion mit der Themeninitiative einhergeht. Die Textinduktion bedeutet die Formulierung von Botschaften bzw. die Übernahme von Textelementen aus Seite der PR in den Berichtserstattungen. Schließlich übernehmen die Journalisten die vorgegebene Bewertungen aus PR-Materialien, insbesondere Bewertungen von solchen, die sich auf ambivalente Sachverhalte beziehen. In diesem Fall sprechen wir von Tendenzinduktion (Bentele & Nothaft 2004, S.76)

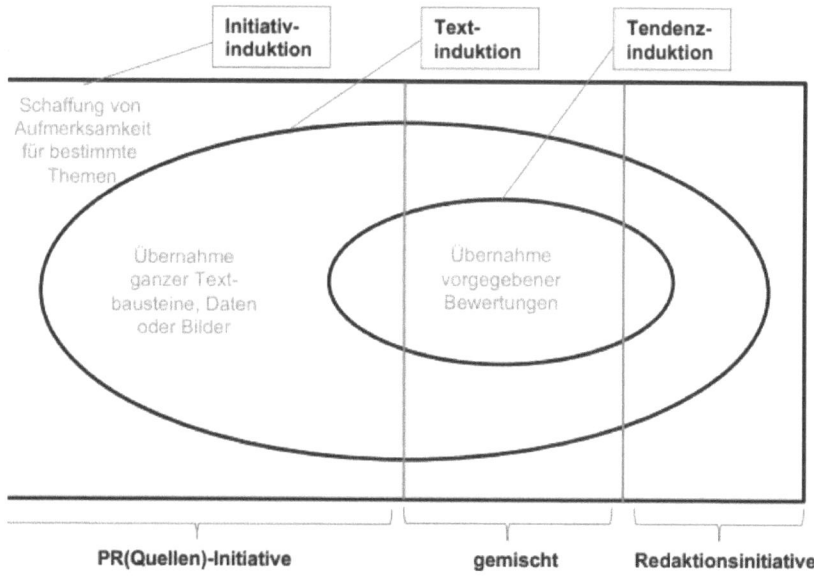

Abbildung 2: Induktionstypen in der sachlichen Dimension (Bentele & Nothaft 2004, S.76)

10

4.2.2. Zeitliche Dimension

Zu den Induktionsleitungen der PR zählen in der zeitlichen Dimension z. B die Bestimmung des Aktualitätszeitpunktes von Themen, zeitliche Struktuerierung von Kampagnen, Festlegung des Zeitpunktes sowie Dauer von Pressemitteilungen, Pressekonferenzen, Events, Jahresberichten (Bentele et al, 1997, S. 244-245). Zu den zeitlichen Adaptionsleistungen der PR zählen unter anderem die zeitlichen Routinen des journalistischen Arbeitsalltags, wie Redaktionsschluss und Periodizität des Mediums zu verfolgen. Besonders ist die Aktualität ein wichtiges Kriterium der journalistischer Arbeit, deswegen muss die Öffentlichkeitsarbeit sich auch an diese Qualitätsfaktor orientieren. Darüber hinaus lässt sich die Induktionsleitungen in der zeitlichen Dimension des Journalismus festlegen. Auf Seiten des Journalismus besteht die Möglichkeit, den Zeitpunkt der Veröffentlichung von Themen zu definieren. Noch dazu kommt, können die Journalisten die selektierten Themen überhaupt nicht, sogar trotz vollständiger Informationsmenge nur ‚'stückweise'' publizieren, um etwa eine längere Wirkung bei dem Publikum zu erreichen (Bentele et al, 1997, S. 245).

4.2.3. psychisch-soziale Dimension

Innerhalb der psychisch-sozialen Dimension diskutieren wie über die persönlichen und organisatorischen sozialen Beziehungen zwischen PR- und Journalismuskommunikatoren. Die Autoren des Intereffikationsmodells (Bentele et al. 1997, S.244) behaupten, dass die organisatorische Struktur einer Kommune, eines Unternehmens oder Verbands sowohl dessen interne als auch externe Kommunikation, z. B. Wenn die Journalisten in Kontakt mit einem Unternehmensvorstand treten wollen, ist diese nur möglich, wenn die Organisation dies erlaubt. Umgekehrt sind die organisatorische Strukturen auch ein Einflussfaktor für den Informationsfluss der Öffentlichkeitsarbeit. Die Kommunikation zwischen PR und Journalismus kann nur stattfinden, wenn die Anzahl und die Verfügbarkeit der Journalisten der Kommunikation ermöglichen und die persönliche Beziehung zwischen PR- und journalistischen Akteuren spielen auch eine wichtige Rolle.

5. Rezeption von Intereffikationsmodell

Viele Autoren sind der Meinung, dass das Modell bisher in der Kommunikationswissenschaft in vielen Arbeiten erwähnt, beschrieben und ausführlich dargestellt wurde (Bentele & Nothaft 2004, S.69; Bentele & Fechner 2015, S.327). Bentele & Nothaft (2004, S.69) betonen in ihrem Beitrag: ‚'Wichtig scheint, dass das Intereffikationsmodell offenbar mit Gewinn mehrfach für empirisch- kommunikationswissenschaftliche Studien als begriffliche und theoretische Grundlagen benutzt wurde.'' Beispielweise haben Donsbach und Wenzel (2002) in ihrer Inhaltsanalyse von Pressemitteilungen der Fraktionen CDU, PDS, SPD im Sächsichen Landtag und Zeitungsartikeln, die von dem Zeitraum von 28.Februar bis 23.Juli 2000 publiziert wurden, untersucht, wie die politische Öffentlichkeitsarbeit der Landtagsfraktionen auf die regionale Berichterstattung beeinflusst. Die Forscher kommen dann zu dem Schluss, das die Pressemitteilungen nur einen sehr kleinen Einfluss auf die regionale Berichterstattung im Kontext der Landtagsfraktionen haben (Donsbach & Wenzel 2002, S.385). Noch dazu kommt, war die Eigenleistung der Journalisten sehr hoch, insbesondere bei Themen mit hohem Nachrichtenwert wie Negativismus und Konflikt (Donsbach & Wenzel 2002, S.385). Angesichts dieser Ergebnisse liegt die Schlussfolgerung nahe, dass die Autoren das Intereffikationsmodell für ihr Untersuchungsdesign als furchtbare Anlage bewerten (Donsbach & Wenzel 2002, S.386). Außerdem hat Annette Rinck (2001) mithilfe von dem Intereffikationsmodell das Zusammenwirken von den zwei Systemen PR und Journalismus sowie die gegenseitige Kommunikationsleistungen in Form von Induktion und Adaption im Fallbeispiel von BMW zum ‚'Verkehrkonzept für Regensburg'' untersucht. Für die Analyse der Beziehung zwischen zwei Systemen und des Erfolgs der Öffentlichkeitsarbeit wurde in dieser Studie drei empirische Materialien erhoben: Analyse des Anzeigeresponses, Befragung der Journalisten, Input- und Outputanalyse auf verschiedenen Ebenen der Artikel (Rinck 2001, S.15). Es scheint interessant, dass die befragten JournalistInnen die PR-Materialien skeptisch sehen und ihre eigenen Recherche bevorzugen. Jedoch zeigt das Ergebnis der Input-Output-Analyse, dass der Journalismus die wichtige Aussagen von BMW adaptiert (Rinck 2001, S.239). Die Autorin bestätigt zudem das Verhältnis der gegenseitigen Abhängigkeit zwischen zwei Teilsystemen:

‚'Das PR-System benötigt die Medien als Transmitter seiner Kommunikationsinhalte in Richtung Publikumsöffentlichkeit; die Medien sind 2auf den PR-Input angewiesen, damit ein Thema bzw-Ereignis sachgerecht vermittelt werden kann. Meines Erachtens hat das PR-System die Bedeutung der Massenmedien als Meinungsbildner, Opinion Leader und kostengünstigen Multiplikator erkannt und versteht es zunehmend, journalistische Kriterien zu adaptieren...'' (Rinck 2001, S.245).

Andererseits gab es bei dem Modell auch viele WissenschaftlerInnen, die das Modell kritisch beurteilten. Ein Vertreter dafür ist Stephan Ruß-Mohl. Der Forscher hat in seinem Beitrag (1999, S.169) in der ersten Linie die Wortneuschöpfung "Intereffikation" problematisiert: ‚'... hört sich das Ganze jedoch an wie ein verunglückter Amerikanismus. Auch der Fremdwörter-Duden kennt nicht das Wort Effikation, sondern ebenfalls Effektivierung" und schlug vor, statt ‚'Intereffikation" das Wort ‚'Intereffektivierung" auszuwählen. Außerdem sah der Autor noch skeptisch, ob der Journalismus ohne die Öffentlichkeitsarbeit undenkbar existieren könnte und umgekehrt (Ruß-Mohl 1999, S.169-170), denn in der Praxis die Öffentlichkeitsarbeit versucht, ihre Zielgruppen ohne den Journalismus zu erreichen und der Journalismus versucht auch, Informationen PR-unabhängig zu recherchieren. Er vertritt auch die These, dass die Machtverschiebungen zugunsten der Öffentlichkeitsarbeit tendenziell geben wird (Ruß-Mohl 1999, S.174): ‚'Die Machtverteilung zwischen Journalismus und PR läßt sich mit einem Nullsummenspiel nicht zureichend beschreiben". Bentele & Fechner (2015, S.329) sind der Ansicht, dass bei dem Intereffikationsmodell sich nur auf die kommunikative Beziehungen fokussiert werden und andere Aspekte nicht berücksichtigt wurden. Das von Bentele entwickelte Modell wird ein als mögliches Rahmenkonzept gesehen, das historisch interpretiert werden kann (Bentele & Fechner 2015, S.329).

6. Diskussion: das Intereffikationsmodell im digitalen Zeitalter

In der traditionellen Medienarbeit schicken Unternehmen in der Regel dem Journalismus ihren Pressemitteilungen zu, damit ihre Themen von den Journalisten veröffentlicht werden können (Maiwald et al. 2014, S.10). Jedoch hat der Journalismus einen unmittelbaren Einfluss auf die Medieninhalte durch ihre Selektion relevanter Themen und Gewichtung sowie Platzierung dieser Informationen (Bentele et al. 1997, S.246). Die Entwicklung von dem Internet ermöglicht den InternetnutzerInnen, nunmehr selbst journalistische Angebote zu gestalten (Neuberger 2018, S.22). Aus diesem Punkt lässt es sich sagen, dass das Internet auch den Unternehmen die Möglichkeit gibt, den direkten Kontakt zu ihren Anspruchsgruppen ohne journalistisches Monopol als Gate-Keeper zu erhalten (Zerfaß & Pfeil 2012, S.9, Wolf & Godulla 2020, S.9). Beispielsweise verfolgt das Unternehmen BOSCH den intergierten ‚'Publishing-House"-Ansatz und ihre Abteilung digitale Kommunikation ist dafür verantwortlich, in verschiedenen digitalen Kanälen verschiedene Zielgruppen richtige Inhalte anzubieten (Wiencierz et al. 2017, S,.29). Bislang ist die Abteilung ein wichtiger Bestandteil des Unternehmens, um ihre Reputation zu begeistern. Zudem ist OTTO ein Deutschlands Onlinehändler für Fashion und Lifestyle. Die Firma ist sehr erfolgreich bei der Umsetzung von modernem E-Commerce im Geschäftsmodell und heutzutage werden mehr als 90% ihrer Produkte online verkauft (Wiencierz et al. 2017, S.34). Weiterhin hat die Red Bull GmbH ein Tochterunternehmen- Red Bull Media House, gegründet, das für die Produktion von Medieninhalten für Rundfunk-, Print-, und digitale Medien zuständig ist (Wolf & Godulla 2020, S.9). In der Website des Red Bull Medienhauses steht: ‚'Red Bull Media House ist ein preisgekröntes, weltweit agierendes Multi-Plattform-Medienunternehmen, dessen Mission es ist, mit außergewöhnlichen Geschichten zu begeistern - sowohl direkt zum Verbraucher als auch über Partnerschaften''. Aus diesen Gründen scheint es wichtig darüber zu diskutieren, ob das Intereffikationsmodell gegenwärtig noch gültig ist.

In einer Untersuchung über den Einsatz von Social Media Newrooms in der Luxusbranche haben Maiwald et al. (2014, S.13) festgestellt, dass Luxusmarken nur wenig in Werbung investieren, da das Ziel der Luxusindustrie nicht ist, ihr exklusives Image in den Berichterstattungen zu maximieren. Jedoch gaben viele Käufer an, dass sie beim Kauf von Luxusmarken stark durch Magazinwerbung beeinflusst. Solange die Kunden noch einen großen Wert auf klassischen Medien legen, müssen die Öffentlichkeitsarbeit sich noch auf die Pflegung des Images in Hochglanzmagazine konzentrieren und daher mit dem Journalismus zusammenarbeiten (Maiwald et al. 2014, S.15). Durch die Analyse der Social-Media-Newsrooms von der Luxusbranche Van Cleef & Arpels kommen die Autoren zu dem Ergebnis, dass die Informationen zum Unternehmen sowie zu den kommenden Kampagnen im Internet nicht vollständig dargestellt werden und Redakteure der wichtigen Hochglanzmagazine gezielt ausgewählt und persönlich kontaktiert werden sollen (Maiwald et al. 2014, S.14).

Fernerhin hat Klesper (2010) in dem Beitrag zur Analyse des Verhältnisses von PR und Journalismus anhand Online-Medien die Frage gestellt, ob das Vorkommen von Internet die Beziehung zwischen diesen zwei publizistischen Systemen verändern könnte. Die Ergebnisse der Experteninterviews und Literaturanalyse zeigen uns, dass PR und Journalismus auch online voneinander abhängig bleiben und gegenseitig beeinflussen (Klesper 2010, S.74). Die Autorin begründet das damit, dass die große Menge von Informationen im Internet die Erregung von Aufmerksamkeit und Gewinnung der Glaubwürdigkeit seitens der Rezipienten erschwert, da die Informationsquellen im Netz ungefiltert gepostet werden. Somit haben die Internetauftritte der klassischen Medien die stärkste Reichweite. Aus diesem Grund brauchen die

Öffentlichkeitsarbeit immer noch den Journalismus, um die Aufmerksamkeit, das Vertrauen und die Glaubwürdigkeit der Anspruchsgruppen zu erreichen und andererseits braucht der Journalismus bei der zunehmenden Konkurrenz im Internet auch die Informationsquellen von Seite der Öffentlichkeitsarbeit als exklusive Quelle (Klesper 2010, S.74).

Ebenso kann eine Reihe von Beiträgen verdeutlichen, dass journalistische Angebote die Qualitätsmerkmale Glaubwürdigkeit, Sachlichkeit deutlich in sehr hohem Maße zugeschrieben wurden. Beispielsweise hat Neuberger (2012) in seiner Studie 1000 Personen befragt, wie sie die Qualität journalistischer Angebote und partizipativer Angebote im Internet einschätzen. Die Ergebnisse zeigen, dass die meisten Befragten journalistische Standards wie Glaubwürdigkeit, Aktualität, Periodizität, Unabhängigkeit, etc als wichtig halten. Hingegen haben Merkmale von Social Media wie Unterhaltung, Diskussion, persönliche Perspektive der AutorInnen nur geringe Bedeutung aus Sicht der Rezipienten (Neuberger 2012, S.52). Im gleichen Sinne behaupten Bernet und Keel (2012, S.125), dass Massenmedien für das Publikum immer die wichtigsten Akteure in der Informationsverbreitung sind. Für den Journalismus gibt es aufgrund der technischer Entwicklung mehrere Möglichkeit der Präsentation von Informationen, z.B von Print-Medien zu Fernsehen und Online-Medien aber auch im Internet werden Nachrichtenwebsiten von Redaktionen bzw. journalistische Quellen am häufigsten abgerufen, damit neue Themen in vielen verschiedenen gesellschaftlichen Bereichen wie Politik, Wirtschaft, Kultur, Sport etc. informiert werden können.

Es lässt daraus schließen, dass die journalistische Angebote aufgrund ihrer höheren Glaubwürdigkeiten (Neuberger 2012; Bernet & Keel 2012) noch eine bedeutende Rolle in der Informationsvermittlung haben. Aus diesem Grund bleibt der Journalismus für PR-Akteure weiterhin wichtig und beide Systeme beeinflussen sich fortwährend gegenseitig. Das Intereffikationsmodell von Günter Bentele et al. (1997) gilt noch in der Zeit der technischen Entwicklung und zunehmenden Anwendung von SocialWeb (Maiwald et al. 2014, S.15).

7. Schlussfolgerung

Festzuhalten ist zunächst, dass der Journalismus und die Öffentlichkeitsarbeit zwei verschiedene Systeme zur Publikation von Informationen sind. Während die Funktion des Journalismus die professionelle Fremdbeobachtung von verschiedenen gesellschaftlichen Bereichen ist, fokussiert sich die Öffentlichkeitsarbeit dagegen auf die positive Darstellung des Selbstbilds (Weischenberg et al. 2006). Neben der Aufgabe der Generierung von Informationen bzw. Zusammenarbeit mit dem Journalismus ist es wichtig für die PR, die Beziehungen noch mit anderen Anspruchsgruppen aufzubauen und zu pflegen (Grupe 2011). Zweitens untersucht die Determinationsthese von Barbara Baerns nur den einseitigen Einfluss der PR auf den Journalismus und diese schien den ForscherInnen im Kontext der Studie von Bentele et al. (1997) nicht ausreichend zu sein. Bei dem Intereffikationsmodell ist es wichtig, gegenseitige Einflüsse zwischen beiden Systemen darzustellen. Die WisschenschaftlerInnen vertreten die These, dass ein System nur gut funktionieren kann, wenn das andere existiert. Zudem ist es notwendig, zwischen den induktiven und adaptiven Leistungen zu unterscheiden, damit das komplexe Verhältnis zwischen den zwei Systemen ausführlich beschrieben werden kann. Unter Induktion versteht man die Wirkung eines Systems auf das andere. Andererseits wird Adaption verstanden als Anpassungshandeln eines Systems an Regeln des anderen. Hier muss noch ergänzt werden, dass die Induktions- und Adaptionsprozesse gleichzeitig auf beide Seiten stattfinden (Bentele et al. 1997). Obwohl das Modell von einigen ForscherInnen noch skeptisch beurteilt wird (Ruß-Mohl 1999), liefert es nicht nur einen theoretischen Überblick, sondern stellt als Grundlage vieler empirischen Forschungen dar (Bentele & Nothaft 2004).

In der Zeit der technischen Entwicklung ist es möglich für die Unternehmen, direkten Kontakt mit ihren Bezugsgruppen zu treten (Zerfaß & Pleil 2012). Viele Unternehmen haben heutzutage soziale Medien benutzt bzw. das Publishing-House-Ansatzt verfolgt, um selbst Inhalte zu verbreiten (Wolf & Godulla 2020; Wiencierz et al. 2017). Allerdings sind die journalistische Standards wie Aktualität, Periodizität, Glaubwürdigkeit, etc aus Sicht des Publikums viel wichtiger als Merkmale der Social Medien wie Diskussion, persönliche Perspektive der Autoren (Neuberger 2012). Weiterhin werden journalistische Angebote am häufigsten von Rezipienten benutzt und journalistische Akteure werden als die wichtigsten Akteure in der Informationsvermittlung wahrgenommen (Bernet & Keel 2012). Aufgrund der hohen Glaubwürdigkeit des Journalismus (Neuberger 2012; Klesper 2010; Bernet & Keel 2012) wird

16

das Entscheidungsverhalten der Kunden durch journalistische Mitteilungen beeinflusst, folglich müssen Unternehmen immer noch dafür investieren, zusammen mit Journalisten zu arbeiten (Maiwald et al. 2014). Alles in allem zeigt sich, dass das Intereffikationsmodell im Zeitraum der modernen Technologien gilt. Jedoch ist kritisch anzumerken, dass das Modell noch berücksichtigt werden soll. Die bisherigen Beiträge beschäftigen sich am meisten nur damit, wie die Entwicklung von Techniken das Verhalten von der Öffentlichkeitsarbeit verändern kann (Wolf & Godulla 2020, Wiencierz et al. 2017). In Bezug auf das Modell wird im Moment sehr wenig untersucht, welche Beziehung in der Zeit der technischen Entwicklung in konkreten Kontexten besteht. Um diese Frage besser beantworten zu können, bedarf es in der Zukunft weiterer Analysen.

8. Literatur

Baerns B. (2014): Öffentlichkeitsarbeit oder Journalismus?: zum Einfluss im Mediensystem. In: Spiller R., Scheurer H. (Hrsg.) Grundlagentexte Public Relations, UVK, Konstanz. S.122-144.

Bentele G., Fechner R. (2015): Intereffikationsmodell. In: Fröhlich R., Szyszka P., Bentele G.,(Hrsg.) Handbuch der Public Relations. Wissenschaftliche Grundlagen und berufliches Handeln. Mit Lexikon. 3.Auflage. Springer VS. S.319-340

Bentele G., Liebert T., Seeling S. (1997): Von der Determination zur Intereffikation. Ein integiertes Modell zum Verhältnis von Public Relations und Journalismus. In: Bentele G., Haller M. (Hrsg.). Aktuelle Entstehung von Öffentlichkeit. Akteure-Strukturen-Veränderungen. UVK Medien, Konstanz. S.225-250

Bentele G., Nothaft H. (2004): Das Intereffikationsmodell. In: Altmeppen KD., Röttger U., Bentele G. (Hrsg.) Schwierige Verhältnisse. Organisationskommunikation. Studien zu Public Relations / Öffentlichkeitsarbeit und Kommunikationsmanagement. VS Verlag für Sozialwissenschaften https://doi.org/10.1007/978-3-322-80469-3_5

Bernet M., Keel G. (2012): Medienarbeit in der Online-Unternehmenkommunikation. In: Zerfaß A., Pleil T. (Hrsg.) Handbuch Online-PR. Strategische Kommunikation im Internet und Social Web. UVK Medien, Konstanz. S.123-145

Donsbach W., Wenzel A. (2002): Aktivität und Passivität von Journalisten gegenüber parlamentarischer Pressearbeit, In: Publizistik (4), S.373-387.

Fechner R. (2018): Der Intereffikationsansatz. In: Journalismus und Presse- bzw. Medienarbeit im 21. Jahrhundert. Organisationskommunikation (Studien zu Public Relations/ Öffentlichkeitsarbeit und Kommunikationsmanagement). Springer VS, Wiesbaden.https://doi.org/10.1007/978-3-658-23407-2_4

Grupe S. (2011): Public Relations : Ein Wegweiser für die PR-Praxis. Heidelberg : Springer-Verlag

Klesper A.C. (2010): „Online-Journalismus vs. Online-PR: Neue Wege der Kommunikation" – Eine Studie zur medienethischen Auseinandersetzung mit dem Verhältnis von PR und Journalismus anhand der Online-Medien. Mittweida, Hochschule Mittweida (FH), Fachbereich Medien, Bachelorarbeit

Maiwald A., Teichmann J., Pätzmann J.U. (2014): Der Wandel von Push- zu Pull-Medien in der Online-Medienarbeit von Luxusmarken: eine Untersuchung über den Einsatz von Social Media Newsrooms in der Luxusbranche, Markenbrand, Hochschule Neu-Ulm, Kompetenzzentrum Marketing & Branding, Neu-Ulm (2), S.8-16.

Neuberger C. (2012): Journalismus im Internet aus Nutzersicht. Ergebnisse einer Online-Befragung. Media Perspektiven (1), S.40-55

Neuberger C. (2018) Journalismus in der Netzwerköffentlichkeit. In: Nuernbergk C., Neuberger C. (Hrsg.) Journalismus im Internet. Springer VS, Wiesbaden. https://doi.org/10.1007/978-3-531-93284-2_2

Rinck A. (2001): Interdependenzen zwischen PR und Journalismus. Eine empirische Untersuchung der PR-Wirkungen am Beispiel einer dialogorientierten PR-Strategie von BMW. Westdeutscher Verlag

Ruß-Mohl S. (1999): Spoonfeeding, Spinning, Whistleblowing. Beispiel USA: Wie sich die Machtbalance zwischen PR und Journalismus verschiebt. In: Rolke, L., Wolf, V. (Hrsg.) Wie die Medien die Wirklichkeit steuern und selber gesteuert werden. Westdeutscher Verlag. S.163-176.

Sievert H. (2007): Why Differentiation between PR and Journalism is necessary. Selected Results from New Empirical Studies. In: Visiting Research Fellow, European Journalism Observatory, University of Lugano, Switzerland

Szambolics J (2015): The Impact of the Digital Era on the Relationship Between Journalism and PR. In: Central Journal of Media Research – Revista de Studii Media, Nr. 2, S. 41-51

Weischenberg S., Malik M., Scholl, A. (2006). Journalismus in Deutschland 2005. MEDIA PERSPEKTIVEN(7), S. 346-361

Wiencierz, C., Berger, K., Röttger, U., & Wietholt, C. (2017). Startklar für Big Data. Chancen, Voraussetzungen und Anwendungen für die Unternehmenskommunikation (Communication Insights, Issue 4). Leipzig: Akademische Gesellschaft für Unternehmensführung & Kommunikation

Wolf C., Godulla A. (2020) Journalismus und Unternehmenskommunikation: Strukturen und Wandel der Zusammenarbeit. In: Zerfaß A., Piwinger M., Röttger U. (Hrsg.) Handbuch Unternehmenskommunikation. Springer Gabler, Wiesbaden. https://doi.org/10.1007/978-3-658-03894-6_11-1

Zerfaß A., Pfeil T. (2012): Einleitung, In: Zerfaß, A. & Pfeil, T.(Hrsg.) Handbuch Online-PR. Strategische Kommunikation im Internet und Social Web, UVK, Konstanz. S.9-14.